AF224410

DISCOURS

PRONONCÉ PAR

MGR L'ÉVÊQUE DE POITIERS

A LA SUITE DU SERVICE ANNIVERSAIRE
CÉLÉBRÉ DANS L'ÉGLISE DE LOIGNY, A L'INTENTION
DES SOLDATS FRANÇAIS GLORIEUSEMENT MORTS POUR
LA PATRIE DANS LA JOURNÉE DU DEUX DÉCEMBRE
MIL HUIT CENT SOIXANTE-DIX

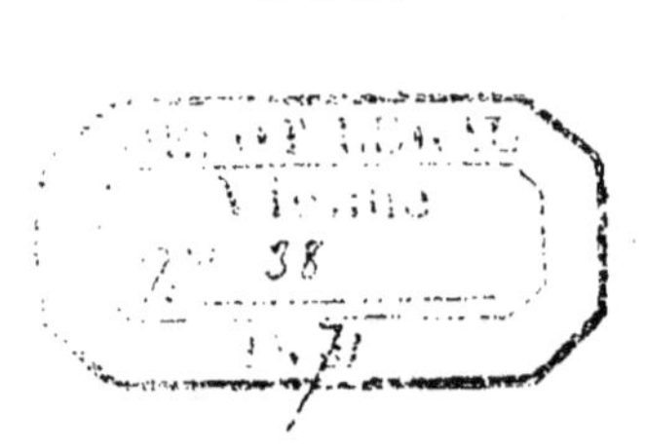

POITIERS

HENRI OUDIN, LIBRAIRE-ÉDITEUR

PARIS

CHEZ VICTOR PALMÉ, LIBRAIRE

RUE DE GRENELLE-SAINT-GERMAIN, 25.

1871

DISCOURS

PRONONCÉ

Par Mgr L'ÉVÊQUE DE POITIERS

A LA SUITE DU SERVICE ANNIVERSAIRE
CÉLÉBRÉ DANS L'ÉGLISE DE LOIGNY , A L'INTENTION DES
SOLDATS FRANÇAIS GLORIEUSEMENT MORTS POUR LA PA-
TRIE DANS LA JOURNÉE DU DEUX DÉCEMBRE MIL HUIT
CENT SOIXANTE-DIX.

—

> *Nequaquam ut mori solent ignavi,... sed sicut solent cadere (fortes) coram filiis iniquitatis, sic corruisti. Congeminansque, omnis populus flevit.*
>
> Non , vous n'êtes point mort à la façon des lâches , mais vous êtes tombé comme tombent les gens de cœur devant l'ennemi. Et tout le peuple , à ces mots , redoubla ses pleurs.
>
> (Au second livre des Rois, ch III, versets 33 et 34.)

MONSEIGNEUR [1];

J'ai obéi à votre appel , et je viens avec vous prier et pleurer sur ce champ de bataille devenu le tombeau de nos braves, mais non pas le tombeau de notre honneur militaire. Si la guerre a fait de Loigny un sépulcre, à tout jamais ce sera un sépulcre glorieux [2]. On dira qu'au plus fort de ses revers, l'élite de notre armée s'est signalée par des prodiges

1. Monseigneur l'évêque de Chartres.
2. Isa. XI, 10.

de vaillance et d'audace. Non-seulement l'honneur est intact, mais la défaite est presque triomphante à l'égal de la victoire, quand on jette ainsi l'épouvante, quand on sème ainsi le carnage dans les rangs du vainqueur. Debout sur la dépouille de ceux qui dorment ici du sommeil de la paix en attendant l'heure de la résurrection, la France en deuil, l'Eglise en larmes ont la consolation et le droit de pouvoir dire avec David : « Non, vous n'êtes point morts à la façon des « lâches » : *Nequaquam ut mori solent ignavi* ; « vos « mains n'ont pas été liées, et vos pieds n'ont pas « été enchaînés » : *Manus ligatæ non sunt, et pedes non sunt compedibus aggravati;* « mais vous êtes tombés « comme tombent les hommes de cœur devant l'en- « nemi » : *Sed sicut solent cadere coram filiis iniquitatis, sic corruistis.*

Dans la courte harangue du roi d'Israël, mes Frères, est contenue toute la substance de ce discours funèbre. Le respect que je dois à cette assistance m'interdira de rapporter en détail des faits dont la plupart de vous ont été ou les acteurs personnels, ou les témoins oculaires. Je n'y toucherai que rapidement, et en m'efforçant de les éclairer de cette lumière des Écritures qui excelle à mettre toutes choses dans leur vrai jour. Elles m'inspireront plus d'une leçon utile aux survivants, en même temps qu'elles m'aideront à payer un juste hommage à la mémoire des soldats français glorieusement morts pour la défense de la patrie, dans la journée du deux décembre mil-huit-cent-soixante-dix.

Par quelle fatalité la France, naguère encore si confiante en elle-même, s'était-elle vue réduite en quelques mois aux dernières extrémités? Batailles presque toujours perdues; surprises plus humiliantes que les défaites, selon cette parole du grand Condé : qu'un habile capitaine peut bien être vaincu, mais qu'il ne lui est pas permis d'être surpris [1] ; capitulations ignominieuses ; Paris investi; un tiers de notre territoire envahi et ravagé ; enfin, ce qui est sans exemple, trois cent mille Français prisonniers sur la terre étrangère : comment, en si peu de temps, une nation telle que la nôtre avait-elle pu descendre si bas?

Dieu est juste, mes Frères, et, pour qui sait les comprendre, ses jugements, dictés par l'équité, se justifient d'eux-mêmes: *Justus es, Domine, et rectum judicium tuum. Judicia Domini vera, justificata in semetipsa* [2]. Laissons les esprits qui rampent à terre mesurer à leur compas étroit les grands événements d'ici-bas, s'arrêter aux petites causes, disserter sur les incidents secondaires, et tout ramener aux proportions de leur propre stature. Pour nous rendre compte des désastres prodigieux et des abaissements inouïs de la France, entrons avec David dans les puissances du Seigneur [3], et tâchons de comprendre les merveilles de sa main et de ses conseils.

Dieu ayant envoyé son Fils unique sur la terre, ç'a été pour les peuples le point de départ d'un ordre

---

1. Bossuet, Oraison funèbre de Condé. Edit. de Lebel, T. XVII, p. 540, 541.
2. Ps. CXVIII, 137. — Ps. XVIII, 10.
3. Ps. LXX, 16.

nouveau ; et comme tous ses desseins s'étaient rap-
portés, pendant quarante siècles, à l'enfantement futur
de son Église, toutes choses ont convergé désormais
vers cette Église enfantée au Calvaire dans le sang du
Christ. Destiné à éclairer et à conduire tous les
membres de la grande famille humaine, le flambeau
allumé par la main divine ne pouvait être placé sous
le boisseau : il lui fallait un chandelier d'où il pût
luire aux yeux de tous ceux qui sont dans la maison : *super candelabrum ut luceat omnibus qui in
domo sunt* [1]. Par son emplacement prédestiné , Rome,
devenue la capitale du christianisme, fut cette cité
posée sur la montagne, qui est en évidence à tous
les regards, et dont la vue ne peut être dérobée à
personne : *Non potest civitas abscondi supra montem
posita* [2]. Mais, parce qu'il était écrit que la plénitude
des nations devait entrer dans l'Église [3], parce que
la loi chrétienne ne devait pas être seulement la loi
des individus, mais la loi des peuples, l'évolution
nécessaire du plan divin et la marche providentielle
des choses ont créé bientôt, à Rome et autour de
Rome, un territoire indépendant et un trône souverain
à l'usage du Vicaire que le Christ s'est substitué à lui-
même pour régir spirituellement toute la terre jusqu'à
la consommation des siècles. Fille aînée de l'Église
romaine, la nation française fut employée de Dieu à
ce grand ouvrage. « Les Français, a dit un homme
de génie, eurent l'honneur unique et dont ils n'ont

1. Matth., v, 15.
2. Ibid., 14.
3. Rom., xi, 20.

pas été à beaucoup près assez orgueilleux, celui d'avoir constitué humainement l'Église catholique, en donnant ou en faisant reconnaître à son chef le rang indispensablement dû à ses fonctions divines [1]. » A partir de là, et comme récompense de ce service, la France occupa sans contestation la première place dans cet aréopage des nations européennes qui s'appela la chrétienté : c'est dire qu'elle fut universellement considérée comme la plus grande nation du monde. Et, malgré des fautes partielles, suivies de châtiments temporaires, on la vit toujours monter et grandir tant qu'elle n'a pas répudié sa première mission.

Mais on ne réagit pas impunément contre soi-même et contre sa vocation essentielle. Sachons reconnaître et confesser l'énormité de notre faute. O France des anciens jours, ce que tu avais si heureusement fait par le bras de tes géants, nous l'avons vu détruire sous nos yeux par la main des pygmées politiques au caprice desquels les révolutions t'ont jetée : *quoniam quœ perfecisti, destruxerunt* [2]. Il ne s'agit plus de nous laver les mains, ni de déclarer que nous sommes purs du sang de ce juste, et que c'est l'affaire des autres [3]. La vérité éclate désormais dans tout son jour. Oui, c'est le concours armé de la France qui, en livrant le reste de l'Italie à l'ambition piémontaise, lui a fatalement sacrifié Rome. Il fallait être

---

1. J. de Maistre : Du Pape, discours préliminaire.

2. Ps. x, 4.

3. Innocens ego sum a sanguine justi hujus ; vos videritis. Matth., XXVII, 24.

aveugle pour ne pas voir, du premier coup, que les choses aboutiraient à ce dénouement. Là fut le péché capital du second Empire : péché politique autant que religieux. Quand on l'a dit pendant qu'il était fort et debout, on peut le répéter après sa chute. Et parce que l'Empire eut pour auxiliaires et pour complices les excitations et les applaudissements des uns , les faiblesses et les transactions des autres, le crime de l'Empire a été le crime national, le crime dont nous portons la peine.

De là cette succession vraiment surnaturelle et humainement inconcevable de châtiments et de hontes, cette série extraordinaire de malheurs et de contre-temps, ces avantages de la veille qui deviennent régulièrement le signal de l'écrasement du lendemain, ces victoires de la journée qui, à la grande stupéfaction de l'ennemi, finissent par la panique du soir et par la retraite de la nuit. Pour qui connaît le génie et la fortune de la France, son infériorité numérique n'offre point d'explication suffisante : le dernier mot de toutes ces choses, c'est que Dieu nous avait livrés aux mains de nos adversaires.

Entendez l'appréciation d'un des hommes qui a le plus activement coopéré à la conduite de cette guerre : « Un ensemble de coïncidences malheureuses, dit il , s'est joint à la faiblesse organique de la France pour déjouer tous ses efforts. Et cet ensemble a été tel, que véritablement , quand on l'envisage, on est tenté de se demander s'il n'y a pas eu là quelque raison supérieure aux causes physiques , une sorte d'expiation de fautes nationales, ou le dur aiguillon pour un relèvement nécessaire. En présence de si prodigieuses infortunes, on ne s'étonne plus que les âmes religieuses aient pu dire : *Digitus Dei est hic* [1]. »

Oui, vous le dites bien, « le doigt de Dieu est là [2] ». Guillaume de Prusse l'a dit aussi, et il s'est exprimé comme Attila et Genséric quand il écrivait à la reine Augusta : « Je m'incline devant Dieu qui seul nous a élus, moi, mon armée et mes alliés, pour exécuter ce qui vient d'être fait, et nous a choisis comme instruments de sa volonté. Ce n'est qu'ainsi que je puis comprendre cette œuvre. »

Entendez-vous : ils ont été les exécuteurs et les instruments de la volonté divine. Qu'ils n'en soient pas trop fiers : le rôle du bâton que tient une main vengeresse n'a rien de si glorieux, et le prophète lui a prédit son sort pour le jour où le bras de Dieu n'en aura plus besoin [3].

Ce jour viendra ; et, parmi nos gages nombreux d'espérance, la journée de Loigny s'offre à nous comme un rayon de lumière à travers les ombres de la nuit : journée de Loigny, journée de bravoure, de foi et de sacrifice. Vous l'avez vu de vos yeux, mes Frères, et j'essaierai tout à l'heure d'en esquisser le tableau.

On a voulu mettre en doute si, dans l'état déses-

1. La guerre en province pendant le siége de Paris, par Ch. de Freycinet, VI⁰ édit., p. 350 et 351.
2. Exod., VIII, 19.
3. Isa., x, 5, 15.

péré des choses, l'organisation de l'armée de la
Loire était une entreprise utile et sensée. Je ne suis
pas homme de guerre ; mais j'ai appris de l'*Histoire universelle* de Bossuet, que « dans la nécessité
des affaires, il était établi, comme une loi inviolable,
qu'un soldat romain devait ou vaincre ou mourir » ;
et que, « par cette maxime, les armées romaines,
quoique défaites et rompues, combattaient et se ral-
liaient jusqu'à la dernière extrémité [1] ». Or, j'ac-
cepte volontiers pour mon pays un reproche
qu'eût mérité l'antique Rome : car je tiens de la
même source que, « de tous les peuples du monde,
le plus fier, le plus hardi, mais tout ensemble le plus
réglé dans ses conseils, le plus constant dans ses
maximes, le plus avisé, le plus laborieux, et enfin
le plus patient, ce fut le peuple romain [2] ».

Ah ! sans doute, ces armées nouvelles et presque
improvisées ont donné sur plusieurs points le specta-
cle de grandes et lamentables défections, qu'aucune
excuse ne doit couvrir. Laissons à chacun, sous l'œil
de Dieu et de sa propre conscience, et aussi devant le
tribunal de l'histoire, la part de responsabilité qui lui
revient. Pour quelques-uns, elle est écrasante : on le
peut dire sans être aigri par le malheur, ni aveuglé
par la passion. Raison de plus pour ne pas ménager
notre admiration et notre gratitude à ceux dont le
vaillant effort aurait délivré la patrie, si l'exemple de
leur héroïsme avait eu la puissance d'enflammer tous
les cœurs. Grâce à eux, du moins, la France, en per-

1. Disc. sur l'Hist. univ., 3e partie, ch. vie. Tom. XXXV, p 540.
2. Ibid., pag. 502.

dant tout, n'a pas perdu sa dernière et sa plus chère ressource, puisque dans ses malheurs elle a gardé le droit de prétendre à l'estime du monde.

Qu'on le sache bien, l'honneur des armes françaises est une des gloires de l'humanité. La religion elle-même est intéressée à le prendre sous sa sauvegarde : car la France dépouillée de son mérite et de son prestige guerrier, ce n'est plus la France ; et, la France de moins, que devient le catholicisme, que devient l'Église ?

Ainsi sentait, ainsi parlait cet ancien Juge d'Israël. *Et dixit Josue : « Et Josué s'écria » : Mi Domine Deus, quid dicam videns Israel hostibus suis terga vertentem ?* « Mon Seigneur Dieu, que dirai-je en voyant Israël « qui tourne le dos à l'ennemi ? Les Chananéens l'ap- « prendront, et tous les habitants de la terre, et ils « seront d'accord pour effacer notre nom du rang des « nations » : *Audient Chananæi, et omnes habitatores terræ, et conglobati delebunt nomen nostrum de terra.* Mais Israël est votre peuple, ô Dieu ; et, si votre peuple vient à disparaître, « qu'en sera-t-il de votre grand nom » : *delebunt nomen nostrum de terra : et quid facies magno nomini tuo* [1] ?

Il était au cœur de Pie IX, ce même sentiment, quand, à l'heure de notre plus profonde détresse, s'efforçant d'amener les deux puissances rivales à des conseils de paix, loin de demander pour nous grâce et pitié, il qualifiait la France par ces mots qui resteront burinés dans les annales de l'Eglise : *Istam nationem, cujus nobilissimi sensus, et virtus mili-*

---

1. Josue, VII, 8, 9.

taris tot tantisque gloriæ monumentis commendata ,
adversis casibus obscurari non possunt : « Cette nation,
« dont la très-grande nòblesse d'âme , et dout la
« valeur militaire, cousacrée par tant et de si grands
« monuments de gloire, ne peuvent être obscurcies
« par aucun accident contraire [1] » !

Je ne sais si vous partagez mou impression , mes
Frères ; mais d'entendre le Pontife, l'homme d'Église,
revendiquer pour la France l'inamissibilité de sa
vertu et de sa renommée guerrière , au moment où
la France, écrasée sous le pied des envahisseurs , se
voilait la face devant les regards équivoques de l'Eu-
rope et du monde, cela m'émeut jusque dans les
dernières profondeurs de mon patriotisme ; et je n'ai
plus souci des misérables qui viendront dire que le
caractère cosmopolite de l'Eglise rend ses fils étrangers à l'amour , indifférents à l'houneur de la patrie
française.

Demandez-le à ces soldats de toutes armes, qui
ont intrépidement rempli le devoir à côté de ceux
qui ne le remplissaient pas ; demandez-leur si la foi
religieuse n'était pas le plus vigoureux soutien de
leur âme, le stimulant le plus actif de leur bravoure.
Car on est heureux de le savoir et de le dire : en
c tte journée du deux décembre, qui allait se clore
par un effort surhumain , il y eut du matin au soir
des actes magnifiques de courage. On le voit bien au
nombre des victimes fournies par tous les genres de
troupes et prises dans tous les rangs. La plus haute

1. Breve *Gravis et acerba,* ad archiepisc. Turonen., XII novembr.
MDCC LXX.

noblesse de France (je ne veux nommer personne ; mais Châteaudun, que j'aime à saluer d'ici, ne me permet pas de taire son courageux et infortuné châtelain, héritier de Dunois) la plus haute noblesse de France y mêla son sang à celui des admirables enfants de la Sarthe, de Loire-et-Cher et de tant d'autres dont les noms sont rappelés autour de ce catafalque. Aucune défaillance ne s'est produite nulle part, qu'elle n'ait eu à rougir d'elle-même en face d'un exemple qui la condamnait et la flétrissait. On m'a parlé entre autres de trois officiers à peu près de même âge, qui ont affronté et qui ont trouvé la mort sous les yeux de leur jeune troupe, dans une tentative faite pour reprendre Lumeau, fortement occupé par les Prussiens ; et souffrez qu'ici une vieille et constante amitié, nouée dans ce pays de Chartres, s'attendrisse sur une maison qui tint à la fois l'épée et la plume auprès d'Henri III et d'Henri IV, et qui, sur sept fils, le dernier n'ayant pas l'âge, en comptait six au service de la France, quand l'avant-dernier d'entre eux reçut à Lumeau le coup mortel. Je cite ce trait entre mille. Mais, sans chercher plus loin, Villepion avec sa mâle et splendide résistance, et Loigny avec sa défense désespérée qui finit par se retrancher près de cette église et dans ce cimetière, ne révèlent-ils pas assez la valeur des éléments renfermés dans ce seizième corps d'armée de la Loire, qui dut ployer sous le nombre et la masse des colonnes ennemies ?

Et maintenant, m'accuserez-vous de partialité, mes

Frères, si je m'étends un peu plus sur ce qui me
reste à dire? A ce moment du combat, apparaît
dans l'arène une milice qui, pendant douze ans . a
trop bien mérité de l'Église pour que vous ne m'ac-
cordiez pas le droit d'en suivre tous les mouvements avec un œil particulier d'intérêt et d'amour.

Le dix-septième corps d'armée , harassé par une
marche longue et accélérée , est appelé au secours
de ses frères d'armes gravement éprouvés. Après
quelques premières évolutions, c'est la situation de
Loigny qui fixe les regards du général. Loigny,
placé au centre du combat, a tenu tout le jour,
avec une constance et une fermeté au-dessus de
tout éloge, contre les attaques répétées des Allemands.
Nommer le trente-septième corps de marche, c'est
mentionner la bravoure humaine élevée à sa plus
haute puissance. La lutte vient de se ranimer plus fu-
rieuse , mais plus inégale. Dégager ces braves avant
la nuit, reprendre et occuper Loigny, si ce n'est pas
gagner la bataille , c'est finir la journée sur un
avantage, c'est favoriser la retraite de l'armée et de
toute son artillerie, et enfin c'est réserver le lendemain. D'ailleurs le moment est solennel , l'heure est
décisive, et c'est un de ces cas où « le vrai service ,
comme parle Bossuet , réclame les actions d'une
hardiesse extraordinaire [1] ». Qu'on ne l'oublie pas :
l'objectif et la raison d'être de l'armée de la Loire ,
c'est la délivrance de la capitale. Paris, on l'assure,
a fait un grand pas vers nous. Si une trouée, si une
brèche n'est pas ouverte dans la muraille allemande,

---

[1] Bossuet. Discours sur l'Hist. univ., pag. 514, 515.

cette muraille va se refermer plus compacte , et sera-
t-il possible de la percer plus tard, pour donner à
temps la main à nos frères ? L'attaque de Loigny est
résolue.

*Mi Domine Deus, quid dicam videns Israël hostibus
suis terga vertentem* : « Mon Seigneur Dieu, que dirai-
je en voyant des soldats français qui hésitent, des
soldats français qui reculent et qui vont tourner le
dos à l'ennemi ? Les étrangers l'apprendront, et tous
les habitants de la terre seront d'accord pour rayer
la France du rang des nations : *Audient Chananœi, et
omnes habitatores terræ, et conglobati delebunt nomen
nostrum de terra.* Car , la France déshonorée mili-
tairement, c'est la France effacée de la carte d'Eu-
rope. Mais , la France, c'est notre mère , c'est la
plus noble nation de l'univers. Et de plus, le nom
chrétien est solidaire du nom français. Derrière notre
patrie humaine, il y a la patrie spirituelle, il y a
l'Église, il y a Rome, il y a tous les intérêts catholi-
ques. Votre cause, ô Seigneur, est inséparable de la
nôtre ; et si la France vient à sombrer , qui donc tra-
vaillera pour votre grand nom » : *delebunt nomen
nostrum de terra : et quid facies magno nomini tuo ?*

Plus rapide que l'éclair, le général accourt aux
zouaves du Pape et à leur noble chef. Sa parole est
comprise. Un double cri de foi religieuse et de foi
patriotique part de toutes les poitrines. Huit cents
braves, d'armes diverses, vont montrer à la France et
à l'étranger ce que valent des chrétiens et des hommes
de cœur.

L'entreprise était rude. Il restera lugubrement célèbre, ce petit bouquet de bois, je dirais presque ce

buisson, que vous nommiez le Bois-Bourgeon, et qui devra s'appeler désormais le Bois des Zouaves. Sa ceinture d'acacias épineux formait une palissade à l'abri de laquelle l'ennemi dirigeait sûrement ses coups, sans être atteint lui-même. Il fallait un élan d'une violence extrême pour abattre cet obstacle. Aux cris de : *Vive Pie IX ! Vive la France !* les assaillants avancent, ils se précipitent avec un entrain irrésistible ; poursuivi à la baïonnette, l'ennemi est en fuite. Il y eut là un effroyable massacre. Votre village, il vous en souvient, retentit alors de sauvages hurrahs de détresse. Les habitants réfugiés dans les caves, les combattants français enfermés dans cette église, reconnaissent que c'est un cri d'alarme, et ils se croient sauvés. Convaincus que ces terribles agresseurs sont appuyés par des forces considérables, les Allemands éprouvent un tel effroi que l'ordre de la retraite est déjà porté sur toute la ligne. On l'a dit, et je le répète avec confiance : que quelques bataillons seulement eussent soutenu ce suprême effort, la charge de Loigny allait être comptée comme une victoire. Il n'en fut pas ainsi : vous savez le reste.

Quelques semaines plus tard, à Yvré-l'évêque, un autre général, dans une situation pareillement extrême, fera le même appel, et il sera pareillement entendu : « Allons, Messieurs les volontaires de l'Ouest, en avant pour Dieu et la patrie ! Le salut de l'armée l'exige [1] ». Pas d'hésitation. Le choc est horriblement meurtrier, mais il est victorieux. L'en-

---

1. Deuxième armée de la Loire, (division de l'armée de Bretagne, par le général Gougeard, pag. 51.

nemi battait en retraite, quand, sur un autre point du théâtre de la guerre, un incident inattendu et qui sembla d'abord de peu de portée, vint rendre inutile tant de sang versé.

Dieu merci, la gloire n'est pas seulement dans le succès. En ce qui les regarde, les défenseurs de Pie IX se trouvent assez récompensés d'avoir pu, principalement le deux décembre et le onze janvier, faire quelque chose pour l'honneur des armes françaises. Ce que Pie IX avait si fièrement écrit de sa main de prêtre, celle de ses soldats l'a traduit et signé en caractères lisibles à tous les yeux : *istam nationem, cujus nobilissimi sensus, et virtus militaris tot tantisque gloriæ monumentis commendata, adversis casibus obscurari non possunt.* Oui, la France est une nation dont la grandeur de sentiments, et dont la valeur militaire, établie par tant et de si beaux titres de gloire, ne peuvent être diminuées par aucun échec, obscurcies par aucun revers, ternies par aucune infidélité de la fortune.

N'ai-je pas bien dit : journée de Loigny, journée d'héroïsme, mais d'héroïsme inspiré par la foi ? Ces guerriers qui ont ainsi donné leur vie, bon nombre d'entre eux, la veille et le matin, s'étaient nourris du pain des forts. D'autres avaient demandé et reçu l'absolution sur le champ de bataille. Dans la cause de la France, ils défendaient la cause déjà sacrée de la patrie : c'est autant qu'il en faut à des chrétiens pour les résigner à la mort. Mais de plus, je l'ai dit, derrière la patrie française, ils saluaient la patrie religieuse ; et par delà l'une et l'autre, ils envisageaient la patrie éternelle, terme de tous les vœux , récompense de tous les efforts. Quand ces convictions sont dans les esprits, ces espérances dans les cœurs, et quand la grâce de Dieu est dans les âmes, le courage guerrier ne connaît plus de bornes, parce que le sacrifice est accepté sans mesure.

Et quelle ne fut pas la part du sacrifice, mes Frères, dans la trop mémorable journée dont nous célébrons l'anniversaire ?

Contemplez-le, ce champ de bataille où sont épars et gisants sous la neige tant de tués et de blessés ! En voyant la froide nuit étendre ses premiers voiles sur ce sombre plateau , et le couvrir de son manteau de glace, ah ! bienheureux, se dit-on , ceux qui meurent , ceux qui déjà sont morts dans le Seigneur , et qui se reposent de leurs fatigues : car leurs œuvres, qui les suivent, ou plutôt qui les précèdent, les ont portés dans le sein de la béatitude et de la gloire [1] ! Etre tombé sous les plis de la bannière du Cœur de Jésus , c'est avoir acquis le privilége du disciple bien-aimé. Ayant célébré avec Jésus la dernière cène, les voyez-vous qui reposent leur tête sur le Cœur du divin Maître [2] ?

Ils ont trouvé la mort sous ces mêmes auspices de salut, ces dignes enfants de la vieille Armorique, ces mobiles des Côtes-du-Nord , devenus les compagnons inséparables des bataillons pontificaux; et ces francs-tireurs de Tours, dont le courage fut un titre d'honneur pour la ville où s'organisait la défense nationale; et ceux de Blidah qui ont mêlé le sang de la colonie algérienne

1. Apoc., xiv, 13.
2. Joann. , XXI , 20.

au sang de la mère-patrie. Infortunés çolons, justement fiers d'être placés ici sous les ordres d'un chef connu et révéré de vos rivages, mon cœur aspire à se faire pour vous l'écho de son cœur. Si trop souvent votre labeur a été ingrat et infructueux, si trop long temps vos sueurs n'ont pu rendre féconde une terre deux fois infidèle, ah ! puisse le sang dont vous avez engraissé les fertiles sillons de notre sol, transporter et communiquer au vôtre, avec le bienfait de l'abondance et de la prospérité, le germe puissant de la régénération chrétienne !

Bienheureux, ai-je dit, ceux qui ont accompli leur sacrifice et qui sont morts dans le Seigneur ! Mais que dire de ceux qui, dans cette église encombrée de cadavres, dans ces maisons à demi-brûlées, dans ces réduits livrés à tous les vents, et enfin là-bas à ciel ouvert, souffrent les horribles douleurs d'une longue agonie, ou bien, avec toute la plénitude de leur intelligence, voient à pas lents venir la mort, parce qu'ils ne voient pas venir et qu'ils ne peuvent espérer le secours ? Chrétiens, élevons nos pensées et comprenons la vérité de cette parole du sage : « Le « patient vaut mieux que le fort, et celui qui dompte « son cœur vaut mieux qne celui qui prend des « villes » : *Melior est patiens viro forti, et qui dominatur animo suo, expugnatore urbium* [1]. A l'heure où les victoires nous échappent, en voici une qu'on ne nous ravira pas et dont le ciel connaît seul tout le prix. Dieu ne m'a pas révélé ses secrets ; mais je tiens pour certaine la parole que je vais dire : oui, durant le

----

1. Prov., XVI, 32.

cours de cette effroyable nuit, il y eut, dans le cœur de plus d'un héros chrétien, « tel mouvement, telle acceptation capablede sauver la France [1] ».

Bénissons pourtant le Seigneur qui, en agréant le mérite du sacrifice, n'en a pas toujours voulu la consommation. Sans oublier que la victime peut n'être pas moins héroïque sous le fer qui sauve que sous celui qui tue, dirigeons notre admiration et notre gratitude vers l'homme de cœur non moins que de talent, dont la providence se sert pour conserver un homme de bien à sa famille, au pays un de ses défenseurs. Au soir et au lendemain d'une bataille, certes, il porte le pōids d'une immense responsabilité, le mortel eutre les mains de qui Dieu abdique en quelque sorte son droit suprême et son auguste attribut d'arbitre de la vie ou de la mort. Honneur à celui, honneur à ceux dont le coup d'œil, la résolution, l'habileté, le savoir, et, par-dessus tout, le dévouement, devenu parfois de la vénération et de l'amitié, ont sauvé la vie à des centaines, à des milliers de blessés ! La patrie, tristement amputée elle même, s'intéresse au sort de ces glorieux mutilés dans lesquels elle reconnaît l'image de son propre démembrement. Elle sait par son histoire ce qu'elle peut attendre encore de leurs services. Ils sont restés fameux dans les annales militaires, ces vieux capitaines qui conduisaient encore des armées et qui remportaient

1. J. de Maistre, Consid. sur la France (1795) Edit. de Lyon 1834, p. 46.

des victoires, après qu'ils avaient dispersé la moitié de leurs membres sur les champs de bataille, et qu'ils n'avaient plus d'entier que le cœur. C'est à l'un de ces hommes de guerre qu'Henri IV écrivait, après la bataille d'Arques : « Je vois que qui n'a bon pied, à bon œil », et, de serviteurs tels que vous, « j'estime tout bon, même les morceaux ».

Et tandis que je rends hommage au médecin des corps, vous m'avez tous prévenu, mes Frères, de crainte que je n'oublie le digne pasteur de cette paroisse, type de l'abnégation personnelle, de l'abandon total de soi aux autres, et de la charité vraiment sacerdotale et apostolique. Enfin, s'il me fallait payer tribut à tous les dévouements que cette journée si féconde en souffrances a fait naître, auprès et au loin, dans les maisons particulières et chez les administrations communales et les comités de secours, où devrais-je, où pourrais-je m'arrêter ? Si ce n'est que je fisse une halte aux portes d'une demeure où la reconnaissance des petits comme des grands, des plus hauts chefs de l'armée comme du plus humble soldat, déclare avoir rencontré mieux que la femme forte de l'ancienne alliance, mais la chrétienne des beaux siècles de l'Église, la française des meilleurs âges de la foi. A elle et à tant d'autres femmes généreuses, leurs œuvres porteront la louange qu'elles n'auront pas de moi : *et laudent eam in portis opera ejus* [1]. Malgré mille pensées, mille sentiments qui se pressent encore dans mon âme, l'heure est venue de mettre fin à ces discours et de conclure.

1. Prov., XXXI, 31.

Avant tout, mes très-chers Frères, le motif qui nous amène ici, en ce premier anniversaire, est un motif de prière. Voilà pourquoi l'adorable sacrifice du Calvaire, duquel toutes les autres immolations empruntent leur vertu, vient d'être solennellement renouvelé sur cet autel; voilà pourquoi le vénérable pontife, accouru de sa ville épiscopale, après avoir répandu l'eau sainte et la fumée de l'encens autour de ce monument funèbre, va demander tout à l'heure au Dieu des miséricordes que les âmes qui en auraient encore besoin soient absoutes des derniers restes de leurs fautes, et introduites dans le lieu du rafraîchissement et de la paix.

Familles chrétiennes, si les détails vous ont manqué sur la fin de quelques-uns de ceux qui vous sont chers, consolez-vous, et que vos cœurs soient ouverts au sentiment de la confiance. Le Seigneur Dieu des armées tient en réserve pour les combattants des grâces de choix, des pardons à part, des repentirs soudains, des mouvements instantanés de foi et d'amour qui assurent l'éternel salut. D'ailleurs quels gages n'avez-vous pas, pour la plupart, dans ces ouvertures de cœur, dans ces lettres mille fois mouillées de vos larmes, qui datent de si peu de jours, de si peu d'heures peut-être avant le combat ! La tendresse des mères a fait passer sous nos yeux quelques-unes de nos correspondances bénies : l'émotion que nous en avons ressentie dure encore. Et ces précieux objets de piété trouvés sur la poitrine des soldats, avec quel respect nous les avons touchés ! Un trait célèbre de l'histoire sainte, en se renouvelant ici, n'y a point apporté les mêmes ombres de tristesse.

Il est écrit que, le jour d'après le combat, Judas Machabée vint avec les siens sur le champ de bataille pour enlever les corps de ceux qui avaient été renversés : *et sequenti die, venit cum suis Judas, ut corpora prostratorum tolleret* ; afin de leur donner une sépulture convenable, et qui permît aux parents, s'ils le voulaient, de transporter ensuite ces corps dans les sépultures de famille, *ut cum parentibus poneret in sepulchris patrum*. Or, ils trouvèrent, sous les tuniques de quelques-uns, des marques de leur infidélité au Dieu d'Israël : *Invenerunt autem, sub tunicis interfectorum, de donariis idolorum*. Cette révélation douloureuse ne les fit point désespérer du salut de leurs frères : ils se mirent en prière, conjurant le Seigneur de pardonner et d'ensevelir dans un éternel oubli la faute dont on avait la preuve : *atque isti ad preces conversi, rogaverunt ut id quod factum erat delictum, oblivioni traderetur*. Et le très-vaillant héros : *vir fortissimus Judas*, ne douta point de l'efficacité du sacrifice demandé et offert à Jérusalem, parce qu'il considérait qu'une grâce très-bonne est acquise, qu'une très-grande indulgence est ménagée aux fautes privées de ceux qui trouvent la mort dans l'accomplissement sacré d'un devoir public : *quia considerabat quod hi qui cum pietate dormitionem acceperant, optimam haberent repositam gratiam* [1].

Doctrine mille et mille fois consolante que j'ai tenu à rappeler ici, encore qu'elle n'y ait sans doute point son application. Car, quand le vaillant héritier du nom et de la valeur d'un de nos Machabées

---

[1]. II Machab., XII, 39-45.

modernes , tout couvert lui-même de blessures ,
s'est traîné ici sur les bras des siens , pour accomplir
le même office , et reconnaître les corps de ses plus
chers compagnons d'armes, qui lui avaient été ravis
la veille : *et sequenti die venit cum suis Judas ut corpora
prostratorum tolleret* , on ne rencontra dans leurs dé-
pouilles que des marques attendrissantes de leur foi
religieuse et de leur piété filiale : reliques sacrées qui
furent apportées dans notre cité de Poitiers , et dont
j'ai eu l'honneur d'être le dépositaire jusqu'au jour
où elles purent être rendues aux familles.

Ne doutez donc pas , mes Frères , de l'efficacité de
vos prières unies aux prières de l'Église , et croyez
que d'avance elles ont été exaucées.

Un autre sentiment nous a conduits à ce pieux ren-
dez-vous. Il a été bien inspiré, l'écrivain, le chrétien, le
père, qui a conçu et qui a propagé l'idée de faire de ce
temple même le monument commémoratif d'une journée à jamais célèbre dans les fastes du pays. O toi, petite
paroisse de Loigny en notre terre de Beauce , tu ne
seras point désormais la dernière et la moins connue
entre les bourgades de la province ! Et quoique ton
brillant fait d'armes ne soit point ce combat célèbre
qui doit être livré sur les terres de la Vierge , et que
de vieux auteurs ont assigné au territoire de Notre-
Dame de Chartres [1], ton nom pourtant est à jamais
enregistré dans les cœurs où vit encore le sentiment
des grandes choses. Il faudrait lui défendre d'être
Français, celui auquel on ferait reproche de t'adresser
le gage de ses sympathies.

1. Panégyrique de la ville de Chartres, par Challine, p. 48-50.

Pie IX en a donné le premier exemple, et il le devait. Tous ceux dont tu gardes les ossements sont chers à son âme de père ; mais ses devoirs de roi l'obligent à la reconnaissance envers plusieurs qui ont combattu pour lui avant de mourir pour la France. Provenant d'une telle main, et se rattachant à de tels souvenirs, ces vases du sacrifice eucharistique, ce calice, cette patène et ce ciboire d'or, constitueront le plus riche trésor de cette église.

Un autre ornement, qui a fixé mon attention, sera l'objet d'un juste intérêt, et attirera longtemps les regards. Nous lisons au livre de Judith, que cette femme illustre, après la dispersion des Assyriens, ayant recueilli leurs armes et leurs divers ustensiles de guerre : *universa vasa bellica Holophernis*, elle les offrit au Seigneur « en anathème d'oubli », ou, d'après les commentateurs, en témoignage contre l'oubli, c'est-à-dire, comme le monument de la victoire [1]. Félicitons le digne pasteur de Loigny d'avoir si heureusement interprété la même pensée. Ce lustre élégant et sévère que vous voyez suspendu devant le sanctuaire, composé d'armures diverses ramassées sur le champ de bataille : pointes de casques, aigles prussiennes, soleils wurtembergeois, lions de Bavière, c'est aussi un témoignage contre l'oubli : *in anathema oblivionis*, un mémorial authentique de la valeur française au milieu de nos malheurs. Et si ce lampadaire recommande en même temps à Dieu les âmes des étrangers tombés ici sous nos coups, et dont plusieurs portaient leurs adorations au même

1. Judith, XVI, 23.

autel que nous, l'héroïne d'Orléans, inondant de ses larmes les Anglais renversés dans cette plaine de Patay, est là pour nous dire que l'attendrissement sur le trépas des ennemis n'est point incompatible avec le plus fier et le plus pur patriotisme français.

Mais il faut mieux et il faut plus que ces ornements de détail : oui, c'est ce temple lui-même, ce temple renouvelé et transfiguré, qui doit devenir le témoin expressif, l'historien vivant et parlant de tout ce qui doit être transmis aux âges futurs.

Assurément il gardera son titre de patron , cet enfant de notre Aquitaine, ce fidèle confesseur du Christ, ce généreux martyr Lucain, qui, sur ces confins du pays de Chartres et d'Orléans : *in ipsis Carnutensium et Aurelianensium finibus*, a donné son nom au sol arrosé de son sang : *Lucaniacum* [1], et qui s'applaudit désormais d'avoir vu venir à lui tant de compagnons martyrs. Mais, par l'autorité du pontife diocésain, et avec l'abondance des faveurs spiririttuelles du Pontife de Rome, un autre patronage s'ajoutera au premier dans cette église, je ne dis pas seulement agrandie , sur haussée , mais rebâtie et de nouveau consacrée, le patronage du Cœur sacré de Jésus. Il faut bien que ce Cœur si tendre couvre encore de son amour ceux qui sont morts sous son regard, et dont les survivants, à la veille de leur dispersion temporaire, se sont solennellement remis à sa garde. Et pas une mère, pas une épouse, pas une sœur ne viendront prier ici, que, les yeux attachés sur l'image qui resplendira au fond du sanctuaire, elles ne disent avec toute l'émo-

---

1. Acta Sanctorum, ad diem XXX octob.

tion de leur âme : « Cœur miséricordieux de Jésus Notre Seigneur , sauvez l'Église , sauvez la France ; et donnez à mon fils, donnez à mon époux, donnez à mon frère, peut-être même, donnez à mon père, qui repose sous ces dalles ou dans les plaines circonvoisines, donnez-lui le repos éternel » : *Pie Jesu, Domine, dona eis requiem sempiternam.*

Que dis-je ? ces nobles victimes du devoir, nous voulons qu'elles-mêmes soient toujours présentes devant cet autel. Leurs noms écrits en lettres d'or et de pourpre formeront , avec les stations du chemin douloureux de la croix, la plus belle et l'unique décoration de toutes les parties de ce temple. On rappelait naguère cette parole prononcée après la bataille de Castelfidardo : « Ou ne nommez personne, ou nommez-les tous. » Moi aussi, devant un choix impossible, j'ai dû ne nommer personne dans ce discours ; mais tous devront être nommés sur les pages coloriées des murailles et des verrières de cette église. Tués et blessés, nous en voudrons la liste complète. Toute maison est noble, qui a son nom et son écusson admis dans la salle et l'armorial des croisades. Immortel honneur aux familles dont les noms figureront sur les dyptiques de Loigny !

Et si, au-dessus de tous ces noms, il fallait inscrire une légende commune à tous, elle nous serait fournie par le blason d'une race antique qui, toujours semblable à elle-même, a vu tomber dans cette croisade nouvelle le père à côté du fils. *A vero bello Christi* : oui, la vraie guerre du Christ, le dévouement vrai et sincère à la cause du Christ, tel doit être aujourd'hui le cri de ralliement de tous les hommes de bien, de tous les amis de l'ordre, de tous les défenseurs du pays. Quels que soient vos efforts, Messieurs, jamais vous ne referez la patrie française, si vous ne refaites la patrie chrétienne. Sans cela, vos travaux, vos efforts les mieux intentionnés ne sont rien moins que les derniers coups portés à la France qui se dissout, à la patrie qui s'en va. Tous tant que nous sommes donc, à quelque profession et à quelque rang que nous appartenions, soyons les hommes du Christ, les combattants, les militants du Christ. A cette condition nous serons les hommes de notre temps, les réparateurs du passé, les reconstructeurs de l'avenir. *A vero bello Christi* ; c'est la grâce et c'est l'honneur que je vous souhaite à tous, au nom du Père, du Fils et du Saint-Esprit. Ainsi soit-il.

POITIERS. — IMPRIMERIE DE HENRI OUDIN.

www.ingramcontent.com/pod-product-compliance
Lightning Source LLC
Chambersburg PA
CBHW061607050726
47595CB00007B/2824